Der geheime Vertrag zwischen Philipp V. und Antiochos III. aus dem Jahre 203/2 v. Chr.

Entstehung, Inhalte und Resultate

Richard Siegert

Bibliografische Information der Deutschen Nationalbibliothek:

Die Deutsche Nationalbibliothek verzeichnet diese Publikation in der Deutschen Nationalbibliografie; detaillierte bibliografische Daten sind im Internet über http://dnb.d-nb.de abrufbar.

ISBN: 9783346440273
Dieses Buch ist auch als E-Book erhältlich.

Druck und Bindung: Books on Demand GmbH, Norderstedt Germany
Gedruckt auf säurefreiem Papier aus verantwortungsvollen Quellen

Das vorliegende Werk wurde sorgfältig erarbeitet. Dennoch übernehmen Autoren und Verlag für die Richtigkeit von Angaben, Hinweisen, Links und Ratschlägen sowie eventuelle Druckfehler keine Haftung.

Das Buch bei GRIN: https://www.grin.com/document/1032896

Eingereicht durch: Richard Siegert
Semester: Wintersemester 2020/21

Titel der Hausarbeit:

Der geheime Vertrag zwischen Philipp V. und Antiochos III. aus dem Jahre 203/2 v. Chr.

Seminar:

Roms Aufstieg zur Weltmacht und seine innenpolitischen Rückwirkungen

Inhaltsverzeichnis

Einleitung

Ungefähr im Jahre 203/202 v. Chr. beschließen die beiden Könige Philipp V. und Antiochos III. einen geheimen Vertrag, um sich gegen einen sehr jungen König, welcher soeben erst den Thron seines Vaters bestiegen hatte, zusammenzuschließen. Dieser war Ptolemaios V. Epiphanes, König des Reiches der Ptolemäer. Der bereits erwähnte Geheimvertrag sollte die spätere Aufteilung des Ptolemäerreiches unter dem König von Makedonien (Philipp V.) und dem König des Seleukidenreiches (Antiochos III.) regeln. So wird dieser in der Literatur oft auch als „Teilungsvertrag" bezeichnet. Außerdem bekommt diese Vereinbarung zwischen den beiden Königen auch oft den Namen „Raubvertrag", da der Inhalt einige hohe Bedingungen, besonders für einen der beiden Vertragspartner, beinhaltete. Daher soll genau dieser Vertrag Zentrum der Arbeit werden. Die Ereignisse, die zur besagten Vereinbarung führten, spielten sich in den Nachfolgestaaten des Reiches von Alexander dem Großen ab. Die Diadochen waren Feldherren Alexanders des Großen, welche sich nach dessen Tod das Alexanderreich untereinander aufteilten und nach annähernd großer Macht, wie die ihres verstorbenen Herrschers, strebten. Dieses Streben äußerte sich vermehrt darin, dass die Staatsoberhäupter versuchten, bei jeder Gelegenheit ihr Territorium auszudehnen und den eigenen Einfluss zu vergrößern. Dieses Ziel verfolgten wahrscheinlich auch Philipp und Antiochos, welche beide Nachfahren der Diadochen waren, als sie den Teilungsvertrag verabschiedeten. Resultieren aus diesem Vertrag sollte jedoch zum Unmut Philipps ein Eingreifen Roms, welches dann zum zweiten Makedonischen Krieg führte.[1]

Das konkrete Ziel dieser Arbeit soll sein, die jeweiligen Hintergründe der Beteiligten dieses Vertrages zu untersuchen, weiterführend den Inhalt des Vertrages zu analysieren und spätere Folgen darzulegen. Zusätzlich soll die allgemeine Historizität des Vertrages diskutiert werden. Dies soll insbesondere anhand der antiken Autoren Polybios, Appian und Livius belegt werden, wobei deren Schilderungen der Ereignisse nur teilweise erhalten sind. Trotz der teils schwierigen Quellenlage wurden verschiedenste Bereiche bereits weitgehend erforscht. Ein nennenswertes Werk hierfür lieferte Hatto H. Schmitt bereits im Jahre 1964[2]. Er beschreibt in seinem Buch: „Untersuchungen zur Geschichte Antiochos` des Großen und seiner Zeit", welches als „Heft 6" in der Zeitschrift für alte Geschichte „Historia" veröffentlicht wurde, diverse Umstände, welche zum Teilungsvertrag des Jahres 203/2 v. Chr. führten. Außerdem fügt er verschiedenste Sichtweisen anderer Historiker an, um ein Abbild der Meinung der Forschungslandschaft darzulegen und kommentiert dies teilweise. Sein Werk ist dabei unumgänglich, wenn man sich mit dem Vertrag zwischen Philipp V. und Antiochos III. auseinandersetzten möchte und bietet zugleich eine gute Grundlage für diese Arbeit.

---

[1] Gehrke (2008), S.213.
[2] Schmitt (1964).

3

Eine Frage in diesem Themengebiet ist jedoch bis heute stark diskutiert. Gab es den Teilungsvertrag überhaupt? Hier scheiden sich sprichwörtlich die Geister. Nicht nur das Werk von Schmitt versuchte sich an einer Antwort. Der englischsprachige Autor David Magie [3] bezog in seinem Titel: „The 'Agreement' between Philip V and Antiochus III for the Partition of the Egyptian" eine besonders kritische Stellung zum benannten Vertrag. Diese Debatte wird wahrscheinlich nie eine endgültige Antwort finden, es sei denn, es tauchen neue Quellenfunde auf, was jedoch mit weiterem Fortschreiten der Zeit immer unwahrscheinlicher wird.

Bei der Auswertung der Quellen sollte dennoch darauf hingewiesen werden, dass zu beachten ist aus welcher Sicht die beiden Autoren schreiben. Zur Beantwortung der aufgeworfenen Fragen wird einschlägige Fachliteratur verwendet werden. Dazu zählt unteranderem Boris Dreyer [4], welcher sich in einem Sammelband besonders mit den Dimensionen und Konsequenzen des Raubvertrages beschäftigte. Auch Arthur Eckstein [5] mit seinem Werk: „The pact between the Kings, Polybius 15.20.6, and Polybius` view oft he outbreak oft the Second Macedonien War", in welchem unteranderem bei der Interpretation von den Quellenpassagen des Polybios herangezogen werden, soll in diese Arbeit mit einbezogen werden.

Diese Arbeit folgt dabei einem chronologischen Aufbau: zuerst werden die Gegebenheiten vor Abschluss des Vertrages dargelegt, um anschließend Inhalte des Vertrages und die Schilderungen der antiken Autoren herauszuarbeiten. Danach sollen Folgen des Teilungsvertrages untersucht werden ehe dann schlussendlich die Historizität des Vertrages diskutiert werden soll.

1.0 Die Ausgangslagen der Beteiligten vor dem Vertragsabschluss

Dieser Unterpunkt wird sich in zwei Sichtweisen aufspalten, die jeweiligen Reiche stehen dabei stellvertretend für die Auffassungen ihrer Könige. Aufgeteilt wird in die der Vertragsaufsetzer Antiochos III. und Philipp V. auf der einen Seite und die zweite Sichtweise wird durch den Ptolemäerkönig Ptolemaios V. Epiphanes und die Sicht des aufstrebenden Römischen Reiches vervollständigt.

---

[3] Magie (1939).
[4] Dreyer (2008).
[5] Eckstein (2005).

1.1 Die Sicht der Vertragspartner

Beginnen möchte ich mit der Sicht vom Seleukidenreich. Antiochos III. kam vor kurzer Zeit gerade erst von einem großen Feldzug wieder zurück in sein Reich. Er muss voller Selbstvertrauen gewesen sein, denn der angesprochene Feldzug, besser bekannt unter dem Namen „Anabasis", brachte ihm im Osten seines Reiches mehrere große Erfolge ein. Antiochos hatte davor bereits mehrere schwierige Situationen, wie z.B. den Molon-Aufstand im Iran und Babylonien oder den Vierten Syrischen Krieg, erfolgreich gemeistert. Das Ziel vom Feldzug im Osten war es, verlorengegangene Territorien wiederzuwinnen. Dieses Ziel erfüllte er sich selbst und drang bis zum Indus im heutigen Pakistan vor. Seine erfolgreichen militärischen Unternehmungen im Osten blieben jedoch nicht unbemerkt. Er verschaffte sich so ein gesteigertes Ansehen unter den Griechen und verdiente sich dadurch den Beinamen: „der Große".[6]

Bei Phillip V. lief es auch ähnlich erfolgreich. Makedonien befand sich gerade erst wieder im Frieden, nachdem der erste Makedonische Krieg mit dem Frieden von Phoinike im Jahre 205 v. Chr. beendet wurde. Philipp besaß nun eine hegemoniale Stellung in Griechenland und durfte das im Krieg eroberte Lissos behalten. Es kam ebenso zu einer vorläufigen Festlegung einer westlichen Grenze des Reiches von Philipp V., welcher daraufhin seine territorialen Interessen Richtung Rhodos wandte und danach strebte, sein Herrschaftsbereich weiter auszubauen.[7]

1.2 Die Sicht der Gegenspieler

In diesem Abschnitt beziehe ich mich auf das Ptolemäerreich, welches das Zielgebiet des Vertrages darstellt und auf die Sicht Roms, als die Macht, welche sich diesem Konstrukt gegen den König Ptolemaios V. Epiphanes entgegenstellte und schließlich auch kriegerisch gegen Philipp V. vorging. Das Reich der Ptolemäer hatte gerade einen neuen Herrscher bekommen. Der sechs Jahre alte Ptolemaios V. Epiphanes, sollte in die Fußstapfen seines Vaters Ptolemaios IV. Philopator treten. Dieser noch unmündige Thronfolger soll den Thron ca. 205/4 v. Chr. bestiegen haben. Es wurde versucht, den Tod des alten Königs geheim zu halten, wahrscheinlich aus dem Grund, sich vorerst vor möglichen Feinden zu schützen, wie z. B. dem Makedonenkönig Philipp V..[8] Ob die Verschleierung des Todes wirklich lange und gut gelang, wird skeptisch betrachtet, soll aber in dieser Arbeit nicht weiter ausgeführt werden. Fest steht somit aber, dass das Königreich der Ptolemäer Angst vor Angriffen durch Nachbarn oder andere Feinde hatte. Wie das Thema dieser Arbeit zeigt, war diese Angst angebracht. Sollte ein Kriegsfall eintreten, besaßen die Ptolemäer einen starken Bündnispartner, die Römer. Diese guten diplomatischen Beziehungen zu Rom wurden darin deutlich, als sich die Gerüchte um ein vermeintliches Bündnis zwischen Makedonen und Seleukiden

---

[6] Heller (2018), S.461-462.
[7] Dreyer (2002), S.120.
[8] Schmitt (1964), S.199-201.

verbreiteten, dass drei römische Gesandten nach Alexandria (im Ptolemäerreich) entsandt wurden, um sich über deren Bündnistreue zu versichern.[9]

Die Römer pflegten, wie gerade beschrieben, sehr gute Beziehungen zum Reich von Ptolemaios V. Epiphanes und waren mit diesem verbündet. Das römische Reich kam wie das makedonische gerade erst aus dem ersten Makedonischen Krieg, welcher für die Römer nicht siegreich verlief und viele Ressourcen forderte. Gleichzeitig wurde zwar eine Bedrohung in Form von Hannibal (Zweiter Punischer Krieg 218 bis 202 v. Chr.) beseitigt, doch dieser Sieg forderte auch Verluste. Philipp V. hatte an beiden Schäden einen gewissen Anteil, da er einerseits eine feindliche Kriegspartei im ersten Makedonischen Krieg darstellte und andererseits einen Beistandsvertrag mit Hannibal geschlossen hatte, welcher zwar praktisch nie wirklich ausgelebt wurde, aber dennoch von Rom negativ zur Kenntnis genommen wurde.[10] Daher hatte sich ein gewisser Groll angestaut. Zusätzlich hatte das römische Reich wahrscheinlich auch Angst, dass Philipp sein Machtbereich zu sehr erweitern würde und er so zu übermächtig werden könnte. Daher hatten die Römer ein durchaus triftiges Motiv, etwas gegen das aufstrebende Makedonien zu unternehmen und König Philipp V. in seine Schranken zu weisen.[11]

2.0 Der Teilungsvertrag von 203/2 v. Chr.

Dieser Unterpunkt soll sich speziell mit dem Vertrag an sich befassen. Zum einen soll seine Entstehungsgeschichte erläutert werden und zum anderen auch sein Inhalt. Unterstützt werden soll dieser Abschnitt besonders durch Quellenüberlieferungen von Polybios.

2.1 Die Entstehung des Vertrages

Die Entstehungsgeschichte ist aufgrund der derzeitigen Quellenlage noch nicht sicher erforscht. So sind bisher nur einzelne lückenhafte Umstände zur Zeit der Vertragsentstehung bekannt. Der Rest sind theoretische Spekulationen der Historiker über die Entstehung. Es lässt sich sagen, dass Polybios in *XV, 20, 2-5* die Planung und Umsetzung des Vertrages als unmittelbare Folge des Todes von Ptolemaios IV. Philopator sieht und er wertet dieses Verhalten als „unscrupulous and brutal" (skrupellos und brutal)[12]. Doch wahrscheinlich besaß Polybios einen Art Logikfehler in seiner Datierung der Ereignisse. Dies lag vermutlich an der Geheimhaltung des Todes des früheren Herrschers. Diese Thematik arbeitete Schmitt ausführlicher in seinem Buch aus.[13] Zusammenfassend lässt sich sagen, dass Polybios die Dauer der Aufsetzung des Vertrages in seinem Werk deutlich

---

[9] Liv. 31, 2, 1.
[10] App. Makedoniké, 4, 1-2.
[11] Petzold (1940), S.25.
[12] Pol. XV, 20, 2-5.
[13] Schmitt (1964), S.227-228.

unterschätzt beziehungsweise für einen zu kurzen Zeitraum datierte. Laut seiner zeitlichen Einordnung wäre der Vertrag innerhalb von wenigen Monaten erarbeitet und abgeschlossen worden. Da allein die Reisedauer der jeweiligen Gesandten der Verhandlungspartner eine gewisse Zeit benötigt, geht die Forschung eher von einer Entstehungsdauer von mindestens einem Jahr aus.

Schmitt weist bei seinen Ausführungen auch darauf hin, dass Polybios zwar ein direktes Reagieren durch die Erstellung des Teilungsvertrages darstellt, aber dies in der Realität wohl eher unwahrscheinlich gewesen seinen muss. Die Krönung eines unmündigen Nachfolgers klingt zuerst zwar wie ein plötzlicher und günstiger Anlass einen solchen Vertrag aufzusetzen, doch es war nicht so, dass der plötzliche Tod und die Krönung des Sohnes zu einer Erschütterung des starken Ptolemäerreiches führte. Das Reich vom kürzlich gekrönten Ptolemaios V. Epiphanes war bereits seit längerer Zeit angeschlagen.[14] Dazu soll sein Vater Ptolemaios IV. Philopator auch ein recht unbeliebter Herrscher bei seinem Volk gewesen sein. Zusätzlich musste man noch eine wirtschaftliche Krise und Unruhen im Inneren bewältigen.[15] All dies sind Faktoren, welchen einen Staat schwächen und gleichzeitig Faktoren, welche man als Angreifer ausnutzen kann. Natürlich kann man das niedergeschriebene Verhalten der beiden Könige auch so deuten, dass diese das Reich der Ptolemäer schon länger beobachteten und die Krönung eines sechsjährigen Jungen nun der entscheidende Tropfen war, welcher das Fass zum Überlaufen brachte und nun genau jetzt Antiochos und Philipp ihre beste Chance sahen, um ihre Pläne und Bestrebungen endlich in die Tat umsetzen zu können. Schließlich befanden sich sowohl Philipp V. und Antiochos III. in einerseits wirtschaftlich guten Zeiten und zum anderen kamen sie gestärkt und erfolgreich aus militärischen Aktivitäten. Sie waren sich also wahrscheinlich ihrer Sache sehr sicher.

Die Sichten der beiden Vertragspartner wurden ja bereits dargelegt. Doch ob der Vertrag von beiden Parteien gleichermaßen angestrebt wurde, ist zu diskutieren. So wird nämlich unteranderem davon ausgegangen, dass Philipp V. Antiochos III. zur Zustimmung des Vertrages erpresst haben oder zumindest dazu gedrängt haben soll. Ein Indiz zu dieser Annahme ist der Aufenthalt eines ptolemäischen Gesandten am Hofe des makedonischen Königs. Durch dessen Anwesenheit soll Philipp wohl ein Bündnis von Makedonen und Ptolemäern gegen die Seleukiden angedroht haben. Dieser Gesandter soll wohl mindestens bis zum Jahre 202 v. Chr. am Hof den Makedonenkönigs verweilt haben.[16] Also genau bis zu dem Zeitpunkt, an dem Antiochos sich mit Philipp zusammenschloss. Das Druckmittel wäre damit ein Bündnis gegen Antiochos III. gewesen, sollten die Verhandlungen über den Teilungsvertrag scheitern. Dieses potentielle Bündnis mit dem Ptolemäerreich ist aber genauso wenig belegbar wie die Theorie rund um Philipps Erpressungsversuche.

---

[14] Schmitt (1964), S.227.
[15] Eckstein (2005), S.4.
[16] Schmitt (1964), S.233.

2.2 Der Inhalt des Vertrages

Der Inhalt des Vertrages kann nicht vollständig wiedergegeben werden, da er als solches nicht überliefert ist. Daher wird die folgende Darstellung des Inhaltes auch eher grob gehalten sein und soll als Überblick dienen. Als kurzfristige Ziele galten wohl, dass Philipp nicht in die Eroberung Antiochos` in Syrien eingreift. Im Gegenzug sollte Antiochos auf seine Gebietsansprüche in West-kleinasien und Thrakien verzichten.[17] Gemäß dieser Vereinbarung verfolgte Philipp seinen bereits begonnenen Thrakienfeldzug weiter und Antiochos marschierte in Koilesyrien ein. Polybios behauptet sogar, dass die beiden Könige langfristig den jungen Ptolemäerkönig beseitigen wollten.[18]

Die weiteren Ausführungen handeln von Interessensgebieten der beiden Vertragspartner. Belege dafür lieferten die beiden antiken Autoren Polybios (III, 2, 8) und Appian (Mak. 4, 1). Doch bei Vergleich der beiden Darstellungen der beiden Autoren fällt auf, dass diese teils unterschiedliche Abmachungen niederschrieben. Laut Polybios[19] soll Philipp dabei Karien und Samos bekommen und Antiochos soll Koilesyrien und Phoinikien erhalten. Appian[20] dagegen berichtet vor drei Gebieten, welche an Philipp fallen sollten: Kyrene, Kykladen und Ionien. Antiochos auf der anderen Seite sollte nur Kypros zugeschrieben werden. Die beiden Darstellungen unterscheiden sich also erheblich, allerdings überschneiden sie sich in einem Punkt: Das Gebiet Ägypten. Dieses soll laut Polybios an Philipp und laut Appian an Antiochos gehen. Hier liegt nun eine Überschneidung der Gebiete vor. Was zuerst nach einem Forschungsdilemma klingen mag, wurde von Schmitt entschlüsselt. Er stellte fest, dass beide Autoren auf ihre eigene Art und Weise Recht hatten. Polybios berichtete von den tatsächlich resultierenden Taten der Könige wohingegen Appian deren Pläne notierte. Die einzige Schwierigkeit bleibt das Thema Ägypten.[21]

Wie bereits erwähnt, wurde Ägypten laut Appian dem Seleukidenkönig zugeschrieben, doch Makedonien war der erste Angreifer Ägyptens. Philipp soll dabei eine Seeschlacht vor den Toren Alexandrias gewonnen haben. Doch auf das Einnehmen der damaligen Hauptstadt verzichtete er, auch wenn dies quasi nur noch Formsache und kein wirkliches Hindernis für seine Streitkräfte dargestellt haben sollte. Dieses Verhalten bezeichnete Polybios als törichte Handlung.[22] Wem und in wie weit Ägypten einem oder beiden Herrschern gehören sollte wird bis heute diskutiert. So wurde sicherlich das ptolemäische Land theoretisch auf einer Karte geteilt, doch wie dieses genau geschah ist unsicher. Es ist nicht bekannt, ob Ägypten dabei vollständig aufgeteilt werden sollte, oder lediglich Randgebiete des Reiches als Interessengebiete galten und so das Kernland der Ptolemäer erhalten blieb. Die Quellenlage lässt eine eindeutige Zuschreibung der Gebiete nicht zu.[23]

---

[17] Schmitt (1964), S.250.
[18] Pol. XV, 20, 2.
[19] Pol. III, 2, 8.
[20] App. Makedoniké, 4, 1.
[21] Schmitt (1964), S.252.
[22] Pol. XVI, 10, 1.
[23] Kleu (2015), S.102f.

So lässt sich zusammenfassend sagen, dass es sich hierbei nicht um ein typisches Militärbündnis gehandelt haben dürfte. Es handelte sich wohl vielmehr über eine Absprache von Interessensgebieten der beiden Staatsoberhäupter. Darauf deutet auch hin, dass keine militärischen Manöver zusammen durchgeführt worden. Es kämpfte jeder für sich.

3.0 Resultate des Vertrages

Im Folgenden soll sich mit den unmittelbaren Folgen des Vertrages befasst und sowohl indirekte als auch direkte Resultate erläutert werden. Zuerst wird sich mit der wohl fatalsten Folge aus makedonischer Sicht befasst, dem Eingreifen der Römer. Bevor jedoch auf den zweiten Makedonischen Krieg eingegangen wird, soll kurz der Prozess bis zum Ultimatum der Römer an Philipp V. dargelegt werden. Der König von Makedonien begann mit militärischen Aktionen gegen Rhodos und Pergamon, nachdem der Vertrag beschlossen wurde und er sich des Bündnisses mit Antiochos sicher war. Dabei errang er Siege gegen beide Gegner und besetzte erste Gebiete. Daraufhin sahen sich die Regierenden, sowohl in Rhodos als auch in Pergamon, dazu gezwungen, die Römer um Hilfe zu bitten und entsendeten eine Gesandtschaft nach Rom.[24] Die Beziehungen der beiden hilfesuchenden Staaten zu Rom war aber keineswegs so gut wie die der Ptolemäer, was sich aus Polybios[25] herauslesen lässt. Daher muss es wohl der letzte Ausweg gewesen sein, da die makedonischen Streitkräfte zu übermächtig waren. Rom gleichzeitig war anscheinend die einzige regionale Macht, welche Philipp militärisch die Stirn bieten konnte.[26] So mussten sie widerwillig über die alten Differenzen hinwegsehen, um das eigene Reich zu retten.[27]

Im römischen Senat wurde dann unteranderem der Vertrag zwischen Antiochos III. und Philipp V. als ein Argument für die Notwendigkeit des römischen Eingreifens angebracht.[28] Die Forschung ist sich zwar nicht sicher, in wie fern dieser Vertrag zu der Zeit bereits bekannt war, da er von makedonisch-seleukidischer Sicht verheimlicht werden sollte. Es ist jedoch anzunehmen, dass zumindest Gerüchte oder Vermutungen über einen solchen Vertrag im Umlauf gewesen sein mussten. Was auch immer den römischen Senat final von seiner Entscheidung überzeugt haben mag, führte dazu, dass Rom ein Ultimatum an Makedonien und seinen König ausstellte. Der Inhalt bezog ein Kriegsverbot gegen alle hellenistischen Staaten, eine Unverletzlichkeit der diplomatischen Beziehungen zum Reich der Ptolemäer und die Akzeptanz des eigenen Unrechts, welches über die anderen Staaten verübt wurde, und die Verantwortung, welches dieses Verhalten mit sich bringen

---

[24] Schmitt (1964), S.239-240.
[25] Pol. XI, 4ff.
[26] Werner (1972), S.546f.
[27] Schmitt (1964), S.240.
[28] Eckstein (2005), S.14.

würde, mit ein.[29] Da diese Bedingungen viel zu hoch gewählt waren, konnte Philipp solch einer übertriebenen Aufforderung niemals nachkommen.

Der darauffolgende Krieg wurde aus römischer Sicht folgendermaßen legitimiert:[30] Philipp V. habe mit seinem Verhalten den Vertrag von Phonike verletzt, indem er Bundesgenossen angegriffen hätte. Hierbei handelte es sich aber um einen Trick, um den Verstoß Philipps zu rechtfertigen. Es wurden griechische Staaten, welche zwar am Friedensvertrag im ersten Makedonischen Krieg beteiligt, aber keine Bundesgenossen waren, einfach zu diesen erklärt.[31] Ein weiteres Rechtfertigungsargument sei das Bündnis zwischen Philipp und Hannibal gewesen.[32] Diese angeblichen Hilfeleistungen, welche in der Praxis nie wirklich umgesetzt wurden, wurden Philipp V. nun zur Last gelegt, da er sich damit mit dem Feind der Römer, Karthago, verbündet hatte. Bei der Entscheidung spielte sicherlich der Rachegedanke von Rom gegenüber Philipp auch eine Rolle, welcher nach dem ersten Makedonischen Krieg und dem darauffolgenden Friedensvertrag aufkam. Außerdem würde sich Rom zwei großen starken Reichen gegenübersehen, wenn Philipp und Antiochos beide mit ihren Plänen in Ägypten Erfolg hätten.[33]

Nun entfachte der zweite Makedonische Krieg. Während es anfangs noch gut für Philipp V. aussah, wendete sich das Blatt durch den Vorstoß der Römer bei Thessalien im Frühjahr 198 v. Chr. und durch den Seitenwechsel des Bundesstaates Achaia zu den Römern. Der Sieg Roms war nur noch eine Frage der Zeit und der Krieg wurde schließlich 197 v. Chr. von Rom gewonnen.[34] Die Entscheidungsschlacht bei Kynoskephalai war der Anfang vom Ende des bis dahin stetig wachsenden Makedonien. Der Friedensvertrag war hart, aber für Philipp und sein Reich alternativlos. Rom sicherte sich einen beträchtlichen Teil des griechischen Makedoniens. Für Philipp V. bedeutete das vor allem den Verlust seiner Machtposition als damals vielleicht stärkste Macht im griechischen Raum.[35]

Philipps Vertragspartner Antiochos hingegen hatte etwas mehr Erfolg bei seinen Plänen. Er erfüllte alle Vereinbarungen, welcher er vorher zusammen mit Philipp im Teilungsvertrag niedergeschrieben hatte. Antiochos III. richtete nun seinen Blick nach Kleinasien und eroberte die ptolemäischen Gebiete Syriens, bis er im Jahr 197 v. Chr. nahezu alle freien Griechenstädte und Stützpunkte der Ptolemäer rund um die Süd- und Westküste Kleinasiens erobert und besetzt hatte. Diese Gebiete wurden ein Jahr später auch formell durch Ptolemaios V. Epiphanes an Antiochos übertragen.[36] Bei genauerer Betrachtung seiner Erfolge fällt schnell auf, dass insbesondere bestimmte

---

[29] Werner (1972), S.546.
[30] Liv. 30, 42, 8-10.
[31] Mantel (1968), S. 28f.
[32] Liv. 30, 26, 2.
[33] Eckstein (2005), S.14.
[34] Dreyer (2008), S.228-229.
[35] Deininger (1970), S.54.
[36] Magie (1939), S.11.

Gebiete in Kleinasien eigentlich zum Interessensgebiet von Philipp V. gehörten. Antiochos III. machte sich hierbei die missliche Lage seines Vertragspartners zu Nutze. Während der König Makedoniens sich gezwungenermaßen gegen die römischen Streitkräfte zur Wehr setzen musste, hatte der Seleukidenkönig diese mächtigen Gegenspieler nicht. Philipp hatte somit weder Zeit, Ressourcen oder Truppenkapazitäten um nach Kleinasien zu expandieren. Spätestens nach seiner Niederlage hatte er dazu auch gar keine Machtmittel mehr, sodass ihm nichts anderes übrigblieb als Antiochos dabei zuzusehen, wie dieser sich „seine" Gebiete aneignete.[37]

Philipps Niederlage im zweiten Makedonischen Krieg und die Aneignung der Makedonischen Interessensgebiete durch Antiochos waren der inoffizielle Beweis dafür, dass dieser Vertrag nicht mehr gültig war und dieser wurde somit nie wirklich umgesetzt. Es wirkt, als hätte es ihn nie gegeben. Somit fiel auch jegliche Kriegsbeute an den „Gewinner" des Teilungsvertrages.[38] Antiochos` Expansion bleib aber nicht unbemerkt und zog den Unmut Roms auf sich. Dies sollte die Beziehung zwischen den beiden Staaten anhaltend belasten und führte bald darauf auch zum 192. v. Chr. beginnenden Römisch-Syrischen Krieg. Dieser soll aber in dieser Arbeit nur der Vollständigkeit halber eine Erwähnung finden und wird nicht weiter ausgeführt. Vielleicht beruhen auch die Diskussionen um den bereits anfänglich verheimlichten Vertrag und seine tatsächliche Existenz auf der Tatsache, dass er nie wirklich umgesetzt und auch nie der Öffentlichkeit präsentiert wurde. Doch die Historizitätsfrage soll Gegenstand des letzten Untersuchungspunktes dieser Arbeit werden.

Zusammenfassend lässt sich sagen, dass die Ergebnisse der beiden Vertragspartner unterschiedlicher nicht hätten ausfallen können. Während Philipp V. viele Männer und Gebiete sowie Macht und Einfluss in der Region verlor, blühte das Seleukidenreich unter Antiochos nach der bereits geglückten Anabasis nun erneut auf — durch Gebietsgewinne an der kleinasischen Küste und durch das ehemalige Gebiet der Ptolomäer. Dessen junger König Ptolemaios V. Epiphanes, beziehungsweise sein Beraterstab, mögen wohl das Schlimmste, wie die komplette Vernichtung des Reiches (welche Philipp V. und Antiochos III. eventuell planten) verhindert haben, doch sie mussten nun mit herben territorialen Verlusten leben. Durch den Sieg der Römer über Makedonien gingen Rhodos und Pergamon indirekt auch als Gewinner hervor. Sie konnten sich mit der Hilfe des römischen Reiches erfolgreich verteidigen. Die bereits angesprochenen großen Sieger des zweiten makedonischen Krieges dehnten ihr Herrschaftsgebiet weiter über das griechische Festland aus und stärkten auch dort ihren regionalen Einfluss und gleichzeitig auch die eigene Machtposition. Durch das Eingreifen Roms konnte so ein starker Philipp V. als Gegenpol vermieden und

---

[37] Heller (2018), S.6.
[38] Schmitt (1964), S.261.

gleichzeitig auch eine römische Angst beseitigt werden.[39] Zur gleichen Zeit bahnte sich nun aber der nächste militärische Konflikt mit Antiochos III. an.

4.0 Die Historizitätsfrage des Vertrages

Diese umstrittene Thematik spaltet die Forschung in zwei Meinungen. Beginnen möchte ich mit der konträren Meinung bezüglich der Historizität. Der Historiker David Magie soll hierbei als ein Vertreter dieser Ansicht angeführt werden. In seinem Werk: „The 'Agreement' between Philip V and Antiochus III for the Partition of the Egyptian Empire", bezieht er klar Stellung und spricht sich gegen die Existenz eines solchen Vertrages aus. Er bezeichnete die Erzählungen um den Vertrag als „forceful propaganda"[40], welche vom Staate Rhodos ausging. Die Erfindung sollte nur dazu dienen, die Römer zum Kriegseintritt gegen Philipp zu bewegen und somit eine Art Druckmittel darstellen.[41] Weiterhin baut er seine Argumentation darauf auf, dass die Berichte des Polybios über diesen angeblichen Vertrag allesamt rhodischer Herkunft seien und er dies nur deshalb niedergeschrieben habe. Verwunderlich schien es ihm auch, dass es zwar zu beidseitigen Vertragsverstößen kam, aber dennoch das Vertragsverhältnis, welches auch immer ein Vertrauensverhältnis darstellt, anscheinend weitergeführt wurde.[42]

Die Gegenseite interpretiert den letztgenannten Punkt jedoch anders. Das angesprochene Argument bezieht sich auf eine Bitte Philipps an Zeuxis.[43] Zeuxis war zu dieser Zeit Freund und Berater des Antiochos im Seleukidenreich. Er reagierte auf die Bitte zurückhaltend und schickte zwar Unterstützung, wie von Philipp angefragt, allerdings fiel diese gering aus, sodass dies den Anschein erwecken könnte, dass Philipp nur auf dem Papier geholfen werden sollte und das Seleukidenreich kein wirkliches Interesse an einer ehrlichen Hilfeleistung anstrebte. Dies würde einen Vertragsbruch darstellen. Die Befürworter der Historizität des Vertrages sehen in dieser Aktion einen Beleg dafür das irgendeine Art Bündnis tatsächlich bestanden haben muss.[44] Welche Intention sollte sonst hinter solch einer Aktion stecken? Warum sollte man grundlos einem anderen König helfen, welcher mehr als angeschlagen dasteht und wohl bald gegen die Römer verlieren wird? Zusätzlich konkurriert Antiochos ja selbst mit diesem König um ähnliche Interessensgebiete, weswegen es die Seleukiden eher freuen müsste, Philipp in Bedrängnis zu sehen. Wollte man aber aus irgendeinem Grund den Makedonen wirklich helfen, hätte man dies mit größerer Unterstützung getan, um diese vielleicht wirklich noch zu retten. Stattdessen fiel die Unterstützung sehr

---

[39] Eckstein (2009), S.24.
[40] Magie (1939), S.45.
[41] Ebd. S.42.
[42] Pol. XV, 20, 6.
[43] Pol. XV, 1, 6-8.
[44] Schmitt (1964), S.247-248.

mangelhaft aus und scheint für mich auch so, als hätte man Philipp quasi helfen „müssen", aufgrund einer Abmachung oder ähnlichem. Das würde bedeuten, dass es etwas Vertragsvertragsähnliches gegeben haben muss. Sei es nur eine mündliche Vereinbarung der beiden Könige über das territoriale Vorgehen in den jeweiligen Interessensphären, um sich gegenseitig nicht im Weg zu stehen. Die Befürworter stellen auch den Fakt heraus, dass man nicht beweisen kann, woher Polybios tatsächlich seine Quellen bezog. Dies beweist zwar nicht, dass Magie mit seiner Theorie falsch liegen muss, doch es unterstreicht, dass es sich schlussendlich nur um eine Theorie handelt, welche sich auf Vermutungen stützt und nicht auf Beweise. Dazu weist Schmitt auch noch auf den „Forscherdrang" von Polybios hin, welcher eher dafür bekannt war, bevor er etwas niederschrieb, dies nach seinen Möglichkeiten bestmöglich zu überprüfen. [45]

Livius geht zwar in seinen Schriften nicht wirklich detailliert auf den Inhalt des Vertrages ein, doch die tatsächliche Existenz zweifelt dieser nicht an. Folgendes Zitat legt dar, dass Philipp V. voller Mut aufgrund seines Bündnisses mit Antiochos III. gewesen sein muss:

> „[…] aber abgesehen von seiner angeborenen Kriegslust machte ihm der Vertrag Mut, den er mit Antiochos, dem König von Syrien geschlossen hatte, und daß sie die Machtmittel Ägyptens unter sich aufgeteilt hatten, auf das sie beide ihr Verlangen richteten, nachdem sie von König Ptolemaios' Tod erfahren hatten."[46]

Einen weiteren Ansatzpunkt lieferte die Inschrift von Bargylia. Hierbei soll es sich um ein rhodisches Schriftstück, genauer gesagt ein Dekret, handeln. Beschrieben werden darin makedonische und seleukidische Militäraktionen im Reich der Ptolemäer. Hier wird durch eine andere Quelle Polybios` Aussagen[47] bestätigt. Boris Dreyer sieht hierin den Beleg für eine gewisse Zusammenarbeit von Antiochos III. und Philipp V. gegen den Ptolemäerkönig Ptolemaios V. Epiphanes.[48] Damit hätte man zwar eine Quelle, ausgehend vom Inselstaat Rhodos, was der Theorie der rhodischen Propaganda von David Magie etwas Aufwind geben könnte, doch es bewirkt wohl eher das Gegenteil, indem es die Vermutung bestärkt, dass es wohl tatsächlich gewisses gemeinsames Vorgehen der beiden Könige gegen das Ptolemäerreich gab.

---

[45] Schmitt (1964), S.246-247.
[46] Liv. 31, 14, 5.: „[…]sed animos ei faciebat praeter ferociam insitam foedus ictum cum Antiocho Syriae rege divisaeque iam cum eo Aegypti opes, cui morte audita Ptolomaei regis ambo imminebant.".
[47] Pol. III, 2, 8.
[48] Dreyer (2002), S.122-124.

Fazit

Schlussendlich lässt sich sagen, dass die Umstände und der Teilungsvertrag aus dem Jahr 203/202 v. Chr. noch nicht final und vollständig erforscht sind. Die Quellenfunde lassen noch nicht zu, dass ein eindeutiges geschichtliches Bild gezeichnet werden kann. Dazu kommt, dass die Autoren der gefundenen Schriften (Polybios, Livius und Appian) alle im römischen Sinn beziehungsweise aus römischer Sicht geschrieben haben oder zumindest Sympathisanten Roms waren.[49] Zusätzlich beziehen Livius und Appian ihre Informationen für ihre deutlich später verfassten Werke teils auch von Polybios selbst. Daher ist eine objektive Sicht auf diesen Sachverhalt schwierig, nur das rhodische Dekret von Bargylia lässt daher eine etwas differenzierte Betrachtungsweise zu. Die Historikermeinungen über die Historizität gingen bereits vor rund 90 Jahren zu Zeiten von David Magie[50] deutlich und kontrovers auseinander. Es dürfte aber eine Tendenz in der Forschung geben, welche sich eher für die tatsächliche Existenz eines solchen Vertrages ausspricht. Zumindest wird es ein einfaches geheimes Abkommen, viel mehr eine Vereinbarung über oder Klärung der Interessensgebiete und die daraus entstandenen Konflikte gegeben haben. Für weitere Ausführungen zur Historizitätsdebatte verweise ich hiermit gerne auf Klaus Meister[51], welcher in „Einführung in die Interpretation historischer Quellen – Schwerpunkt: Antike" auch eine Gegenüberstellung der beiden Seiten vornimmt und zu Schluss noch diverse Literatur zu beiden Ansichten auflistet.

Das bei den Vertragsverhandlungen eine Partei, in Form von Philipp V., auf den Vertrag mit etwas mehr Zielstrebigkeit hinarbeitete und dabei anscheinend nicht davor zurückschreckte, seinen Vertragspartner etwas unter Druck zu setzten, erscheint aufgrund diverser Argumentationsketten im Zusammenhang mit speziellen Quellenpassagen plausibel. Der Vertrag und nicht zuletzt seine Folgen brachten eine regionale Verschiebung der Machtverhältnisse mit sich. Während Rom sein Einflussgebiet durch sein Eingreifen gegen Philipp weiter vergrößern konnte, wurde Makedonien von seiner regionalen Hegemonialstellung soweit zurückgedrängt, dass es keine große Rolle mehr im hellenistischen Raum spielen sollte. Antiochos der Große konnte zunächst seine politische und militärisch erfolgreiche Stellung behaupten und sein Reich somit weiter vergrößern, geriet aber dadurch mit den Römern in Konflikte. Das Ptolemäerreich, welches vermutlich komplett aufgeteilt und vernichtet werden sollte, wurde zwar militärisch geschlagen, konnte aber dennoch mit einem verkleinerten Territorium weiterbestehen. Als Motive der der Akteure dienten die anfänglich geschilderten Sichtweisen der beteiligten Staaten. Die beschlossenen Vereinbarungen im Vertrag sind zwar nicht eindeutig bestimmbar, doch es ist festzuhalten, dass diese besonders auf Seiten von Philipp nicht eingehalten beziehungsweise nicht erreicht werden konnten. So ging der vermeintlich Gezwungene und nicht der Initiator als Gewinner des Vertrages der beiden Könige hervor.

---

[49] Dreyer (2002), S.120.
[50] Magie (1939).
[51] Meister (1999).

Literaturverzeichnis

Deininger, Jürgen. 1970. Der politische Widerstand gegen Rom in Griechenland. Berlin.

Dreyer, Boris. „Der „Raubvertrag" des Jahres 203/2 v. Chr. Das Inschriftenfragment von Bargylia und der Brief von Amyzon." EA 2002 (34), S. 119–38.

Dreyer, Boris. 2007. Die römische Nobilitätsherrschaft und Antiochos III. (205 bis 188 v. Chr.). Frankfurter althistorische Beiträge 11. Hennef.

Dreyer, Boris. 2008. „Phönizien als Spielball zwischen den Großmächten: Der sogenannte Raubvertrag von 203/2 v. Chr. Dimension und Konsequenzen." In Israeliten und Phönizier: Ihre Beziehungen im Spiegel der Archäologie und der Literatur des Alten Testaments und seiner Umwelt ; S. 215–231. Orbis biblicus et orientalis 235. Fribourg.

Dreyer, Boris. 2010. „Wie man ein „Verwandter" des Königs wird – Karrieren und Hierarchie am Hofe von Antiochos III." Electrum Journal of Ancient History 2011 (18): S. 97–114.

Eckstein, Arthur M. 2005. „The Pact Between the Kings, Polybius 15.20.6, and Polybius' View of the Outbreak of the Second Macedonian War." CPh 2005 (100): S. 228–242. https://doi.org/10.1086/497859.

Eckstein, Arthur M. 2009. „The diplomacy of intervention in the middle Republic: the Roman decision of 201/200 B.C." Veleia 2009 (26): S. 75–101. https://ojs.ehu.eus/index.php/Veleia/article/viewFile/1428/1068.

Gehrke, Hans-Joachim. 2008. Geschichte des Hellenismus. 4. Aufl. Oldenbourg Grundriss der Geschichte 1. München.

Heller, André. 2018. „Es war ein König Antiochos der große: Überlegungen zur Korrektur eines Negativbildes." Isimu: Revista sobre Oriente Próximo y Egipto en la antigüedad 2017-2018 (20-21): S. 461–476. https://revistas.uam.es/isimu/article/download/10696/10846/25636.

Kleu, Michael. 2015. Die Seepolitik Philipps V. von Makedonien. Kleine Schriftenreihe zur Militär- und Marinegeschichte 24. Bochum.

Magie, David. 1939. „The 'Agreement' between Philip V and Antiochus III for the Partition of the Egyptian Empire." JRS 29 (1): S. 32–44. https://doi.org/10.2307/296419.

Mantel, Nikolaus. 1995. Der Bündnisvertrag Hannibals mit Philipp V. von Makedonien. Anmerkungen zur Verknüpfung des Zweiten Makedonischen Krieges mit dem Zweiten Punischen Krieg bei Livius, in: C. Schubert u.a. (Hrsg.), Rom und der griechische Osten, Festschrift H.H. Schmitt, Stuttgart, S. 175-186.

Meister, Klaus. 1999. Einführung in die Interpretation historischer Quellen: Schwerpunkt: Antike. UTB für Wissenschaft, Band 2: Rom. Stuttgart.

Petzold, Karl-Ernst. 1968. Die Eröffnung des Zweiten Römisch-Makedonischen Krieges. Untersuchungen zur spätannalistischen Topik bei Livius. Darmstadt.

Schmitt, Hatto H. 1964. „Untersuchungen zur Geschichte Antiochos' des Grossen und seiner Zeit." Historia Einzelschriften. (6): S. 189–261.

Werner, Robert. „Das Problem des Imperialismus und die römische Ostpolitik im zweiten Jahrhundert v. Chr." ANRW 1972 (1): S. 501–63.

Quellenverzeichnis

Appian. Buch IX, Μακεδονική καὶ Ἰλλυρική Makedonike kai Illyrike: Römisch-Makedonische Kriege und Kämpfe in Illyrien https://archive.org/details/appiansromanhist02appi/page/34/mode/2up.

Blümel, Wolfgang. „Ein rhodisches Dekret in Bargylia" EA 2000 (32), S. 94-96.

Livius, Titus und Hans Jürgen Hillen. 2011. Römische Geschichte: Band 6: Buch XXVII-XXX. Sammlung Tusculum. Berlin.

Livius, Titus und Hans Jürgen Hillen. 2014. Römische Geschichte: Band 7: Buch XXXI-XXXIV. 4. Auflage. Sammlung Tusculum. Berlin.

Polybius. The Histories, Volume II: Books III-IV. Übersetzt von W. R. Paton. Überarbeitet von F. W. Walbank, Christian Habicht. Loeb Classical Library 137. Cambridg, 2010. https://www.loebclassics.com/view/LCL137/2010/volume.xml.

Polybius. The Histories, Volume IV: Books IX-XV. Übersetzt von W. R. Paton. Überarbeitet von F. W. Walbank, Christian Habicht. Loeb Classical Library 159. Cambridge, 2011. https://www.loebclassics.com/view/LCL159/2011/volume.xml.

Polybius. The Histories, Volume V: Books XVI-XXVII. Übersetzt von W. R. Paton. Überarbeitet von F. W. Walbank, Christian Habicht. Loeb Classical Library 160. Cambridg, 2012. https://www.loebclassics.com/view/LCL160/2012/volume.xml.

BEI GRIN MACHT SICH IHR WISSEN BEZAHLT

- Wir veröffentlichen Ihre Hausarbeit, Bachelor- und Masterarbeit

- Ihr eigenes eBook und Buch - weltweit in allen wichtigen Shops

- Verdienen Sie an jedem Verkauf

Jetzt bei www.GRIN.com hochladen und kostenlos publizieren